Mijn tweetalige prentenboek

Cartea mea bilingvă cu ilustrații

Sefa's mooiste kinderverhalen in één bundel

Ulrich Renz • Barbara Brinkmann:

Slaap lekker, kleine wolf · Somn uşor, micule lup

Voor kinderen vanaf 2 jaar en ouder

Cornelia Haas • Ulrich Renz:

Mijn allermooiste droom · Visul meu cel mai frumos

Voor kinderen vanaf 2 jaar en ouder

Ulrich Renz • Marc Robitzky:

De wilde zwanen · Lebedele sălbatice

Een sprookje naar Hans Christian Andersen

Voor kinderen vanaf 5 jaar en ouder

Special thanks to Paul Bödeker, Freiburg, Germany

ISBN: 9783756304172

sefa

Lezen · Luisteren · Begrijpen

Slaap lekker, kleine wolf

Somn uşor, micule lup

Ulrich Renz / Barbara Brinkmann

Nederlands **tweetalig** **Roemeens**

Vertaling:

Jonathan van den Berg (Nederlands)

Stefan Gitman (Roemeens)

Luisterboek en video:

www.sefa-bilingual.com/bonus

Gratis toegang met het wachtwoord:

Nederlands: **LWNL2321**

Roemeens: **LWRO2724**

Goedenacht, Tim! We zoeken morgen verder.

Voor nu slaap lekker!

Noapte bună, Tim! Vom continua să căutăm mâine.

Somn uşor!

Buiten is het al donker.

Afară este deja întuneric.

Wat doet Tim daar?

Ce face Tim acolo?

Hij gaat naar de speeltuin.

Wat zoekt hij daar?

Iese afară, se duce la locul de joacă.

Pe cine caută oare acolo?

De kleine wolf!

Zonder hem kan hij niet slapen.

Pe micul lup!

Nu poate dormi fără el.

Wie komt daar aan?

Cine vine acum?

Marie! Ze zoekt haar bal.

Marie! Ea îşi caută mingea.

En wat zoekt Tobi?

Şi oare ce caută Tobi?

Zijn graafmachine.

Excavatorul lui.

En wat zoekt Nala?

Şi oare ce caută Nala?

Haar pop.

Păpuşa ei.

Moeten de kinderen niet naar bed?

De kat is erg verwonderd.

Copiii ăştia nu trebuie să se ducă la culcare?

Pisica se miră.

chez Mastin
7
vitrerie

Wie komt er nu aan?

Cine vine acum?

De mama en papa van Tim!

Zonder hun Tim kunnen zij niet slapen.

Mama şi tatăl lui Tim!

Ei nu pot dormi fără Tim.

En er komen nog meer! De papa van Marie.

De opa van Tobi. En de mama van Nala.

Şi acum vin mai mulţi! Tatăl Mariei.

Bunicul lui Tobi. Şi mama Nalei.

Nu snel naar bed!

Acum repede în pătuţ!

Goedenacht, Tim!

Morgen hoeven we niet meer te zoeken.

Noapte bună, Tim.

Nu mai e nevoie să căutăm mâine.

Slaap lekker, kleine wolf!

Somn uşor, micule lup!

Cornelia Haas • Ulrich Renz

Mijn allermooiste droom

Visul meu cel mai frumos

Vertaling:

Gino Morillo Morales (Nederlands)

Bianca Roiban (Roemeens)

Luisterboek en video:

www.sefa-bilingual.com/bonus

Gratis toegang met het wachtwoord:

Nederlands: **BDNL2321**

Roemeens: **BDRO2724**

+ audio
+ video
sefa
Mijn
allermooiste droom
Visul meu cel
mai frumos
Cornelia Haas · Ulrich Renz
Nederlands
tweetalig
Roemeens

Lulu kan niet slapen. Alle anderen zijn al aan het dromen – de haai, de olifant, de kleine muis, de draak, de kangoeroe, de ridder, de aap, de piloot. En het leeuwenwelpje. Zelfs de beer heeft moeite om zijn ogen open te houden …

Hé beer, neem je me mee in je dromen?

Lulu nu poate să adoarmă. Toți ceilalți visează deja – rechinul, elefantul, șoarecele cel mic, dragonul, cangurul, cavalerul, maimuța, pilotul. Și puiul de leu. Și ursului aproape că i se închid ochii.

Ursule, mă iei cu tine în visul tău?

En zo bevindt Lulu zich in berendromenland. De beer is vissen aan het vangen in Meer Tagayumi. En Lulu vraagt zich af: wie woont daarboven in de bomen?

Wanneer de droom voorbij is, wil Lulu nog meer beleven. Kom mee, laten we de haai bezoeken! Wat zou hij nu dromen?

Și deja este Lulu în lumea de vis a urșilor. Ursul prinde pești în lacul Tagayumi. Și Lulu se miră, oare cine locuiește acolo sus în copaci? Când visul s-a sfârșit, Lulu vrea să descopere și mai mult. Hai și tu, îl vizităm pe rechin! Oare ce visează el?

De haai speelt tikkertje met de vissen. Eindelijk heeft ook hij vrienden! Niemand is bang voor zijn scherpe tanden.

Wanneer de droom voorbij is, wil Lulu nog meer beleven. Kom mee, laten we de olifant bezoeken! Wat zou hij nu dromen?

Rechinul se joacă de-a prinselea cu peștii. În sfârșit are prieteni! Niciunuia nu îi e frică de dinții lui ascuțiți.

Când visul s-a sfârșit, Lulu vrea să descopere și mai mult. Haideți și voi, îl vizităm pe elefant! Oare ce visează el?

De olifant is zo licht als een veertje en kan vliegen! Hij staat op het punt om te landen in de hemelse weide.

Wanneer de droom voorbij is, wil Lulu nog meer beleven. Kom mee, laten we de kleine muis bezoeken! Wat zou zij nu dromen?

Elefantul este ușor ca o pană și poate zbura! Imediat aterizează pe pajiștea cerului.
Când visul s-a sfârșit, Lulu vrea să descopere și mai mult. Haideți și voi, îl vizităm pe șoarecele cel mic. Oare ce visează el?

De kleine muis is naar de kermis aan het kijken. De achtbaan vindt ze het leukste.

Wanneer de droom voorbij is, wil Lulu nog meer beleven. Kom mee, laten we de draak bezoeken! Wat zou hij nu dromen?

Șoarecele cel mic e la bâlci. Cel mai mult îi place trenulețul zburător.

Când visul s-a sfârșit, Lulu vrea să descopere și mai mult. Haideți și voi, îl vizităm pe dragon. Oare ce visează el?

De draak heeft dorst van al het vuurspugen. Hij zou graag het hele limonademeer leegdrinken.

Wanneer de droom voorbij is, wil Lulu nog meer beleven. Kom mee, laten we de kangoeroe bezoeken! Wat zou zij nu dromen?

Dragonului îi este sete de la scuipat de foc. Cel mai mult i-ar plăcea să bea tot lacul de limonadă.

Când visul s-a sfârșit, Lulu vrea să descopere și mai mult. Haideți și voi, îl vizităm pe cangur! Oare ce visează el?

De kangoeroe springt door de snoepfabriek en vult haar buidel. Nog meer gummibeertjes! En drop! En chocolade!
Wanneer de droom voorbij is, wil Lulu nog meer beleven. Kom mee, laten we de ridder bezoeken! Wat zou hij nu dromen?

Cangurul sare prin fabrica de dulciuri și își îndoapă marsupiul. Și mai multe bomboane albastre! Și mai multe acadele! Și ciocolata!
Când visul s-a sfârșit, Lulu vrea să descopere și mai mult. Haideți și voi, îl vizităm pe cavaler! Oare ce visează el?

De ridder is bezig met een taartgevecht met de prinses van zijn dromen.
Oeps! De slagroomtaart gaat ernaast!
Wanneer de droom voorbij is, wil Lulu nog meer beleven. Kom mee, laten we de aap bezoeken! Wat zou hij nu dromen?

Cavalerul face o bătaie cu tort cu prințesa lui de vis. Oh! Tortul de frișcă zboară pe lângă!

Când visul s-a sfârșit, Lulu vrea să descopere și mai mult. Haideți și voi, o vizităm pe maimuță! Oare ce visează ea?

Eindelijk is er sneeuw gevallen in Apenland. De hele groep apen is door het dolle heen. Het is een echte apenkooi.
Wanneer de droom voorbij is, wil Lulu nog meer beleven. Kom mee, laten we de piloot bezoeken! Wat zou hij nu dromen?

În sfârșit a nins odată în lumea maimuțelor! Toată trupa maimuțelor și-a ieșit din minte și face spectacol.

Când visul s-a sfârșit, Lulu vrea să descopere și mai mult. Haideți și voi, îl vizităm pe pilot! În ce vis a aterizat el oare?

De piloot vliegt verder en verder. Naar het einde van de wereld en nog verder, helemaal tot aan de sterren. Geen andere piloot heeft dat ooit gedaan. Wanneer de droom voorbij is, is iedereen al heel moe en willen ze niet meer zo veel beleven. Maar toch willen ze het leeuwenwelpje nog bezoeken. Wat zou zij nu dromen?

Pilotul zboară și zboară. Până la capătul pământului și mai departe până la stele. Așa ceva nu a reușit nici un alt pilot.

Când visul s-a sfârșit, sunt toți foarte obosiți și nu mai vor să descopere așa de multe. Dar pe puiul de leu mai vor să îl viziteze. Oare ce visează el?

Het leeuwenwelpje heeft heimwee en wil terug naar haar warme, knusse bed.
Dat willen de anderen ook.

En daar begint …

Puiului de leu îi este dor de casă și vrea înapoi în patul cald și pufos.

Și ceilalți la fel.

Și atunci începe ...

... Lulu's allermooiste droom.

... visul cel mai frumos
al lui Lulu.

Ulrich Renz • Marc Robitzky

De wilde zwanen

Lebedele sălbatice

Vertaling:

Christa Kleimaker (Nederlands)

Bianca Roiban (Roemeens)

Luisterboek en video:

www.sefa-bilingual.com/bonus

Gratis toegang met het wachtwoord:

Nederlands: **WSNL2121**

Roemeens: **WSRO2724**

sefa

Ulrich Renz · Marc Robitzky

De wilde zwanen

Lebedele sălbatice

Een sprookje naar

Hans Christian Andersen

Nederlands tweetalig Roemeens

Er waren eens twaalf koningskinderen – elf broers en een grote zus, Elisa. Ze leefden gelukkig in een prachtig kasteel.

Au fost odată, ca niciodată doisprezece copii de rege – unsprezece frați și o soră mai mare, Elisa. Ei trăiau fericiți într-un palat minunat.

Op een dag stierf hun moeder en een poosje later trouwde de koning opnieuw. Maar de nieuwe vrouw was een boze heks. Ze toverde de elf prinsjes om in zwanen en stuurde ze naar een vreemd land heel ver weg, aan de andere kant van het grote bos.

Într-o zi mama murise, și după un timp regele se recăsători. Dar soția cea nouă era o vrăjitoare rea. Ea vrăji pe cei unsprezece prinți în lebede și îi trimise departe, într-o țară depărtată, după pădurea cea mare.

Ze kleedde het meisje in vodden en smeerde haar een zalfje op het gezicht dat haar zo lelijk maakte dat zelfs haar eigen vader haar niet meer herkende en haar uit het kasteel verjaagde. Elisa rende het donkere bos in.

Ea a îmbrăcat fetița în zdrențe și îi mânji fața cu o alifie urâtă, așa încât chiar propriul tată nu o mai recunoscu și o izgoni din palat. Elisa fugi în pădurea neagră.

Nu was ze helemaal alleen, en verlangde in het diepst van haar ziel naar haar verdwenen broers. Toen de avond viel maakte ze onder de bomen een bed van mos.

Acum era foarte singură și tânjea din adâncul sufletului după frații ei dispăruți. Când se înoptă își făcu sub pomi un pat din mușchi.

De volgende ochtend kwam ze bij een stille vijver en schrok ze toen ze daarin haar eigen spiegelbeeld zag. Maar nadat ze zich had gewassen, was ze het mooiste koningskind onder de zon.

Ziua următoare veni ea la un lac limpede și se îngrozi când își văzu chipul oglindit. Însă după ce se spălă, era cel mai frumos copil de rege sub soare.

Na vele dagen bereikte Elisa de grote zee. Op de golven schommelden elf zwanenveren.

După multe zile ajunse Elisa la marea cea mare. Pe valuri pluteau unsprezece pene de lebede.

Toen de zon onderging, ruisde er iets in de lucht en elf wilde zwanen landdden op het water. Onmiddellijk herkende Elisa haar elf betoverde broers. Maar omdat ze de zwanentaal spraken, kon zij hen niet verstaan.

La apusul soarelui s-a auzit un fâlfâit în aer și unsprezece lebede aterizau pe apa. Elisa recunoscu imediat pe frații ei vrăjiți. Dar fiindca ei vorbeau limba lebedelor, ea nu îi putea înțelege.

Overdag vlogen de zwanen weg, maar ‘s nachts vlijden de broers en zus zich in een grot tegen elkaar aan.

In een nacht had Elisa een vreemde droom: Haar moeder vertelde haar hoe ze haar broers kon bevrijdden. Ze moest voor iedere zwaan een hemdje van brandnetels breien en het dan over hem heen werpen. Tot die tijd mocht ze geen woord spreken, want anders zouden de broers sterven.
Elisa ging gelijk aan het werk. Hoewel haar handen brandden als vuur, breide ze onvermoeid door.

Ziua lebedele plecau în zbor, noaptea se cuibăreau frații împreună cu sora lor într-o peșteră.

Într-o noapte Elisa avuse un vis ciudat: mama ei îi spuse cum putea să-și elibereze frații. Din urzici trebuia să tricoteze pentru fiecare lebădă o cămășuță și să o arunce peste ea. Dar până atunci nu avea voie să vorbească nici un cuvânt, altfel ar fi trebuit să moară frații ei.
Elisa se puse imediat pe treabă. Deși mâinile îi ardeau ca focul, ea tricota neobosită. Ziua lebedele plecau în zbor, noaptea se cuibăreau frații împreună cu sora lor într-o peșteră.

Op een dag klonken er in de verte jachthoorns. Een prins met zijn gevolg kwam aangereden en stond al snel voor haar. Toen ze elkaar in de ogen keken, werden ze verliefd.

Într-o zi se auziră din depărtare cornuri de vânătoare. Un prinț veni cu alaiul său călărind și în curând stătu în fața ei. De îndată ce-și întâlniră privirile, se îndrăgostiră unul de celălalt.

De prins tilde Elisa op zijn paard en reed met haar naar zijn kasteel.

Prințul o ridică pe Elisa pe calul său și călări cu ea spre palatul său.

De machtige schatbewaarder was over de aankomst van het stomme meisje helemaal niet blij. Zijn eigen dochter zou de bruid van de prins moeten worden.

Puternicul trezorier nu era deloc fericit de sosirea frumoasei mute. Fiica sa trebuia să devină mireasa prințului.

Elisa was haar broers niet vergeten. Iedere avond werkte ze verder aan de hemdjes. Op een nacht sloop ze naar het kerkhof om verse brandnetels te plukken. Daarbij had de schatbewaarder haar in het geheim gade geslagen.

Elisa nu își uitase frații. În fiecare noapte lucră mai departe la cămășuțe. Într-o noapte se duse în cimitir ca să adune urzici proaspete. Trezorierul o spiona.

Zodra de prins op jacht was, liet de schatbewaarder Elisa in de kerker gooien. Hij beweerde dat zij een heks was die 's nachts andere heksen ontmoette.

De îndată ce prințul plecă la vânătoare, puse ca Elisa să fie aruncată în temniță. El susținea că ea ar fi o vrăjitoare, care se întâlnea noaptea cu alte vrăjitoare.

Bij het aanbreken van de dag werd Elisa door de bewakers opgehaald. Ze zou op de markt worden verbrand.

Dis de dimineață au venit păzitorii după ea. Trebuia să fie arsă pe rug.

Nauwelijks waren ze daar aangekomen toen plotseling elf witte zwanen aangevlogen kwamen. Snel gooide Elisa iedere zwaan een brandnetel-hemdje over. Al gauw stonden al haar broers als mensen voor haar. Alleen de kleinste, wiens hemdje nog niet helemaal klaar was, had nog een vleugel in plaats van een arm.

De abea ajunse acolo, că deodată unsprezece lebede albe veniseră în zbor. Repede Elisa aruncă fiecăreia câte o cămășuță de urzici. De îndată stăteau toți frații în chip de om în fața ei. Doar celui mai mic, a cărui cămașă încă nu fusese gata, îi rămase în loc de braț o aripă.

Het omhelzen en kussen van de broers en zus was nog niet afgelopen toen de prins terugkeerde. Eindelijk kon Elisa hem alles uitleggen. De prins liet de boze schatbewaarder in de kerker gooien. En daarna werd er zeven dagen lang bruiloft gevierd.

En ze leefden nog lang en gelukkig.

Îmbrățișările și sărutările fraților înca nu se terminaseră când prințul se întoarse. În sfârșit putu Elisa să îi explice totul. Prințul puse ca răul trezorier să fie aruncat în temniță. Și după accea se sărbători șapte zile nuntă.

Și au trăit fericiți până la adânci bătrâneți.

Hans Christian Andersen

Hans Christian Andersen werd 1805 in de Deense stad Odense geboren en overleed in 1875 te Kopenhagen. Door de sprookjes zoals “De kleine zeemeermin”, “De nieuwe kleren van de keizer” of “Het lelijke eendje” werd hij wereldberoemd. Dit sprookje, “De wilde zwanen”, werd voor het eerst in 1838 gepubliceerd. Het werd sindsdien in meer dan honderd talen vertaald en in vele versies o.a. ook voor het theater, film en musical bewerkt.

Barbara Brinkmann werd geboren in 1969 in München (Duitsland). Ze studeerde architectuur in München en is momenteel werkzaam bij de faculteit Bouwkunde van de Technische Universiteit van München. Ze werkt ook als grafisch ontwerper, illustrator en auteur.

Cornelia Haas werd geboren in 1972 in Ichenhausen bij Augsburg (Duitsland). Ze studeerde design aan de Hogeschool van Münster, waar ze als ontwerpster afstudeerde. Sinds 2001 illustreert ze boeken voor kinderen en jongeren en sinds 2013 doceert ze acryl- en digitale schilderkunst aan de Hogeschool Münster.

Marc Robitzky, geboren in 1973, studeerde aan de technische kunstschool in Hamburg en de Academie voor Beeldende Kunsten in Frankfurt. Hij werkte als zelfstandig illustrator en communicatie designer in Aschaffenburg (Duitsland).

Ulrich Renz werd geboren in 1960 in Stuttgart (Duitsland). Hij studeerde Franse literatuur in Parijs en geneeskunde in Lübeck, waarna hij als directeur van een wetenschappelijke uitgeverij werkte. Vandaag de dag is Renz freelance auteur en schrijft hij naast non-fictie ook boeken voor kinderen en jongeren.

Hou je van tekenen?

Hier vindt je alle illustraties van het verhaal om in te kleuren:

www.sefa-bilingual.com/coloring

www.ingramcontent.com/pod-product-compliance
Lightning Source LLC
LaVergne TN
LVHW070441080526
838202LV00035B/2698